AF229801

DE
L'INDOMPTABLE RENOM

DES

ARMES FRANÇAISES

ET

DE SON ASCENDANT

AUX CONSEILS DE LA POLITIQUE.

A PARIS,

IMPRIMERIE DE MIGNERET,

RUE DU DRAGON, F. S. G., N.º 20.

1815.

~~~~~~~~~~~~~~~~~~~~~~~~~~~~~~~~~~

DE

L'INDOMPTABLE RENOM

DES

ARMES FRANÇAISES

ET

DE SON ASCENDANT

AUX CONSEILS DE LA POLITIQUE.

——————

Que le glaive se repose ! Le panache blanc
suffit pour protéger notre orgueilleuse Patrie. Elle s'est voilée l'incertaine comète des
batailles et l'étoile fixe des triomphes se
lève et plus pure et plus vive sur la terre des
preux. Rarement cruelle et plus rarement
parjure, la victoire désormais domptée, se
laisse enchaîner au char de la renommée ;
le champ de gloire toujours trop étroit pour
des vœux généreux, ne connaît point de limites aux vastes plaines de la paix. De près
~~~~~~~~~~~~~~~~~~~~~~~~~~~~~~~~~~

ou de loin, en avant ou en arrière, en repos ou en action, c'est assez d'un pas, d'un regard, d'un souvenir de la royale armée pour ravir les ineffables trophées de l'honneur.

Jamais un météore aussi éclatant ne vint déverser ses flots de lumière sur le front cicatrisé des braves : jamais ces têtes naguères si hautes et maintenant si calmes, ne se virent ceintes d'une palme aussi flatteuse. Un Dieu l'ordonnait sans doute, car de tels arrêts ne sont pas respectés s'ils n'émanent du ciel : toute l'Europe rassemblée sous un seul étendard allait descendre aux chastes contrées de France, comme pour installer en pompe ses nobles phalanges au trône de la suprématie militaire.

L'histoire a marqué ces jours que le cours des heures tente en vain de rapprocher, et que la marche des idées rejette à mille ans de distance, où l'armée leurrée par les vertiges de son chef et cernée par des forces triples en nombre, vit germer et mûrir hâtivement sous les rigueurs d'une retraite passagère, les semences d'épouvante jetées au cœur des souverains par l'ascendant de ses prospères combats. Tel un lion formidable qui maintes fois a mis hors de combat une troupe belliqueuse, inspire autant et plus d'effroi lorsque lassé par les ruses de guerre et atteint d'un trait lancé au hasard, il se retire à pas lents vers les montagnes, faisant volte-face à chaque instant et menaçant d'une griffe acérée les assaillans séduits par la fugitive apparence.

Qu'en était-il des valeureuses légions, au commencement de ce mois consacré à leur idole jusqu'alors fidèle et toujours favorite ? Des succès épuisans, des échecs fatigans, des attaques exaspérées, des pointes démesurées, l'espérance de pas en pas rejetée, la confiance de faits en faits consumée, la désertion sous les drapeaux, la dévastation dans le pays, la dilapidation dans les caisses, plus d'accord, plus d'entente, plus d'harmonie entre les ordres et les manœuvres, rien que le génie entravé des généraux et la bravoure paralysée des soldats.

Et maintenant, adieu les artifices, adieu les illusions : *Brienne* et *Laon* ont brisé tous les ressorts de la phantasmagorie. Serait-ce donc ce sacrilège rapteur de la gloire française, dont le talent, dont le caractère subjuguent l'esprit des étrangers ? Que parlez-vous

encore de lui ne l'entrevoyez-vous pas gis-
sant et tremblant sous le faix de ces ban-
nières renversées par sa propre main ? Qu'on
essaie de l'exhumer ? qu'on fouille avant et
toujours plus avant ! le sépulchre ne vous
rendra jamais que l'ombre vaine d'un vain
fantôme, que le *caput mortuum* de tant de
couronnes dévorées par la foudre.

Ou plutôt son influence est restée au même degré : mais elle s'exerce à rebours ; l'o-
racle ambigu s'explique enfin dans le sens
inverse, et les justes destins chantent la pa-
linodie. Le doigt des vengeances éternelles
l'a frappé au sein de ses conceptions avant
que de le précipiter du faîte de ses vanités ;
ne recherchez pas ses desseins, si ce n'est aux
abîmes du chaos ; ne recherchez pas ses res-
sources, si ce n'est dans le vague du néant.
Et son courage ? Comment aurait-il soutenu
la longue route du Caire et de Moscou ?

Déja ce nom fameux dépouillé d'un vernis
emprunté n'offre plus qu'un son vil même à
ses courtisans. Le mépris l'attend au camp
des coalisés ; la risée le poursuit parmi les
rangs des derniers conscrits. Que ne cesse-t-
il d'être à la tête de l'armée, qu'un Bourbon
n'y reprend-il sa place immémoriale ? et les

rois , les guerriers, les peuples rentrent au domaine naturel de la prééminence nationale. Si l'Europe se repose sur un allié propice, c'est sur lui ; si la France s'inquiète devant un ennemi funeste, c'est devant lui : et lorsque la fortune laisse flotter ses balances indécises , ce n'est pas entre ces deux puissances si dignes de son hésitation , mais entre nos indomptables milices et leur désastreux général.

Ils sont abandonnés , ils sont trahis les braves : et semblables à l'impétueux Ajax , seuls contre tous , seuls contre ces fiers adversaires et contre ce chef insensé , ils l'emportent et sur la terre et sur les enfers : seuls ils sont et l'enthousiaste croisade du Nord et de l'Orient ne semble appelée sur leur sol indigène que pour s'abandonner sans honte , avec honneur peut-être , à l'irrésistible ascendant de la renommée.

Voilà que l'ouragan de mars si souvent entrecoupé de calmes précurseurs se présage dans le lointain par un bruissement à peine sensible , à l'oreille long-temps irritée et toujours agitée des souverains réunis. Châtillon, Châtillon, dévoile-nous le funèbre secret de tes conférences ! dis-nous comme elle était tourmentée, la pensée de tes augustes hôtes : dis-nous comment leur ame était arrachée de ses bases et torturée dans ses vœux. Hélas ! nul ne peut connaître ce que les princes ont à souffrir sous les lois de la nécessité , alors que la délicatesse est froissée autant que la fierté.

Il faut ployer ; et ce n'est pas en faveur de la gloire ; car ses légitimes héritiers ont vu ravir leur patrimoine par un aventurier obscur : il faut ployer ; et ce n'est pas au profit de l'humanité , car ses intérêts , ses espérances , ses garanties , tout se trouve confondu et anéanti au même gouffre.

« Point de retards , point de retours , s'é-
» crie l'inflexible déesse , marche , marche. »
La volonté est emportée et les actes sont consommés. Adieu aux affections nobles , adieu aux sages conceptions : plus de bonheur à la France , plus de repos à l'Europe , plus de calme ni de joie aux ames royales. Le temps , le hasard , voilà désormais les seuls autels où le désespoir rencontre quelqu'accueil.

On traite avec l'assassin de la légitimité , avec le favori de l'usurpation : on livre le monde en gage à l'insatiable , on lègue la patrie en proie à l'infâme ; on déchire tous ses plans , on délaisse toutes ses fins : le reste n'est rien ; tout est de reculer pour peu d'instans le jour du combat à mort.

Pleure maintenant, généreuse armée ! pleure sur tes trophées même, gémis de ces triomphes dont l'amertume couvre l'illusoire douceur ; plains-toi et plains-toi à jamais de cette fatalité inouie qui dirige la force de ton bras contre les besoins de ton cœur et qui te pousse au temple de mémoire à travers les ruines de ta fortune.

A peine trente lieues, à peine vingt-quatre heures ont été franchies. Ne pleure plus, armée généreuse, ne gémis plus, ne te plains plus : ta mémoire est consacrée et ta fortune se prépare. Némésis a secoué son fouet délirant : la paix est refusée. L'empire de France était là ; ici était l'isle d'Elbe : et la paix est refusée. L'honneur, le devoir, la pitié, c'était là ; la vanité et puis encore la vanité, c'était ici : et la paix est refusée. Quel vaste océan de félicités pour la nation altérée, et quelle nouvelle source d'exaltation pour les ambitieuses phalanges.

Paris est le point de mire des aigles étrangères. Paris est à vingt lieues, et Moscou était à cinq cents : point de milieu cependant entre la plus complète victoire et la défaite la plus générale; vaincre ou mourir, c'est la loi du sort comme c'est la loi du cœur. Empereurs, généraux, soldats, confondent leurs saintes clameurs; et les lances, les sabres, les baïonnettes, font retentir avec fracas le suprême mot d'ordre, *Bourbons! Paris!*

Mais la fourbe ne dormait pas sous le catafalque funéraire du talent et du courage : et qui sait, la pudeur outragée du nord hésitait peut-être à prononcer le mot magique qui devait trahir ses espoirs en arrêtant sur le champ toute résistance. A travers les voiles de l'ignoble perfidie et de la noble vengeance, un seul cri, le cri de Paris est entendu par la troupe des lions et un rugissement terrible lui répond d'échos en échos.

Ils sont vingt mille, ils sont deux cents mille : Paris est derrière, Paris est devant. Quels poids divers et quels motifs égaux ! C'est en ce jour que la masse de l'Europe et les débris de la France se rencontrent, se mesurent, se combattent, non pas à qui reviendra la gloire, car la gloire est dévouée d'avance au destin tel qu'il soit des défenseurs des thermopyles ; mais à qui d'un chef trop connu ou d'un prince encore inconnu,

sera conféré par le doigt incertain de Bel-
lone, la plus belle, la plus fière des couronnes.

Qui dira les faits héroïques et les mémo-
rables gestes ? Qui dira le génie des capitaines
et la bravoure des guerriers ? Français, voilà
Paris et voilà l'étranger; tout est dans ces
deux mots. Paris est à la fois et le trésor et
le talisman : le trésor était intact et le talisman restait indomptable, ou du moins, le
dernier des vainqueurs de la terre barrait de
son cadavre déjà expirant la dernière de ses
portes.

Mais une voix surnaturelle, une de ces voix
qui se réservent de toute éternité aux secrets
de la bonté divine, vient soudain s'emparer
des airs ébranlés par le mortel tonnerre, et
envelopper de toute part cette plaine réson-
nante sous le pied des coursiers : et la nuit,
l'envieuse nuit, qui menace au moment même
d'enchaîner la valeur de ses réseaux de fer,
va prêter à ces accens inattendus, et plus de
solemnité et sur-tout plus de prépondérance.

« Que défendez-vous ? Votre cité et votre
» renom. Votre renom ! Et qui parle de le
» défendre, quand personne ne pense à l'at-
» taquer ? Ne réside-t-il pas aux fins qui vous

» sont confiées, plutôt qu'aux voies qu'il
» vous plairait de suivre ? Avez-vous compté
» les adversaires lorsqu'il était lieu de com-
» battre ? Irez-vous sacrifier vos amis, afin
» d'avoir un prétexte pour triompher ? Vain-
» queurs aujourd'hui, demain encore, après
» demain peut-être ! Qu'importe pour Paris?
» Vos sources de renfort sont taries ; et le
» torrent opposé se gonfle incessament. Quel-
» ques heures de plus ne sont rien près de
» mille ans de victoire ; quelques heures de
» plus sont tout à la ville de six cents mille
» âmes. Si vous résistez sur un point, quelle
» sera la force qui résistera sur l'autre, quelles
» seront les forces décuples qui résisteront sur
» chaque point de cet immense contour ? Et
» alors que l'étranger se serait fait jour en
» dépit de vos armes, ou au défaut de vos
» ruses, d'ou viendrait le pouvoir qui dut
» arrêter les fleuves du carnage, les ravages
» de l'incendie, les fureurs de la dévasta-
» tion ? »

L'éclair de la pensée, le foudre du sentiment partent en même temps et frappent du
même trait au sein de la loyauté et de l'humanité : tout est conclu, et les drapeaux
ornés d'une palme nouvelle, traversent avec

un noble orgueil la reconnaissante cité que le devoir voulut défendre et que le devoir veut sauver.

Que faisait-il cependant, le héros des héros, l'empereur des empereurs, celui qui put dire naguères des potentats de l'Europe, qu'ils régnaient par sa grace et non par la grace de Dieu ? Seul, privé de gloire comme de faste, chargé du poids de ses démences plus encore que de ses forfaits, il accourait : Paris est pris; c'est assez : il rétrograde, il s'encourt, il court encore ; Fontainebleau n'est pas trop distant pour reposer ses terreurs, pas trop vaste pour promener ses desseins : il jure et il s'appaise ; il tempête et il s'assoupit : la mort est sur son front, sur ses lèvres, sur sa langue : elle ne manque qu'à sa lâche main.

Rien n'a percé dans l'armée. L'honneur, ce dieu, dont le temple comblé de Français dévore avidemment leur encens généreux, et dont le sanctuaire difficile à forcer ne s'en trouve qu'à petit jour aux plus fortunés des mortels, l'honneur toujours haut et assez fort à lui seul contre les atteintes redoublées de la haine et de la colère, du mépris et du désespoir, retenait sous ces mêmes étendards qui

(12)

le guidaient ou plutôt qui l'accompagnaient depuis long-temps, sous ces étendards tous nationaux qu'un sort inextricable avait groupés autour de l'insulaire, une troupe encore nombreuse, encore confiante, encore audacieuse; et le Corse hésite : il rêve, il pense, il calcule et il hésite : on eût cru qu'au milieu des royales murailles, suspendu par un fil entre le trône et l'abyme, il ne s'occupait qu'à tirer gravement son horoscope futur.

Il hésite : ah! que n'hésita-t-il aussi au treize vendémiaire, avant le dix-huit fructidor, après le dix-huit brumaire, au pillage de l'Espagne, aux ravages de l'Allemagne, aux fuites du Caire et de Moscou, aux horreurs du pont de Leipsick! Que n'hésita-t-il sur-tout en ce fatal jour de 1804, dont la plume chaste et sensible doit abandonner la charge de fixer la date précise, et d'indiquer l'épouvantable attentat, au dernier carreau des divines foudres.

C'en est fait : peu-à-peu la vérité pénètre ; la légitimité de notre Roi et la magnanimité des alliés, s'insinuent, se développent, s'établissent jusque dans les têtes les plus réfractaires. Dix ou quinze mille hommes seule-

...nent restent autour de lui : qu'est-ce donc ? Ne voyez-vous pas que ce sont des Français ? Et vous n'avez pas des Français pour les vaincre.

Il le sent, et ce fut son unique trait de génie. Adieu le fantôme de puissance, adieu le simulacre de réputation ; plus d'armes, plus d'argumens de ce côté : le héros, l'empereur, le dieu se retrouve homme ainsi que devant et dépouillé de tout ce qui n'était pas lui, ne décèle qu'un squelette difforme. Il tente de se dissimuler ; il ne fait montre que de ses vieilles bandes : et tel est l'ascendant exercé par les souvenirs, que sous cette égide protectrice, il est admis à traiter d'égal à égal, à prétendre, à discuter, à chicaner, à obtenir enfin une transaction que ne ratifiaient ni la justice, ni la grandeur d'ame, ni la pitié même.

Quel miracle, quelle merveille, quelle magie, pour mieux dire ! Jamais talisman fut-il si tenace et si rigide ! Des soldats rares, épars, incertains ; le seul titre des soldats, le nom seul de l'armée, c'est assez pour faire ployer une fois encore la suprême majesté devant l'Attila des souverains, devant le Néron des nations.

Cependant la renommée française, cette indicible déité, que les sens ne saisissent pas, que l'idée repousse sans doute, et qui frappe néanmoins d'un coup si sûr et si rapide aux arcanes secrets de la raison et de la passion, n'a pas accompli la carrière qui lui est destinée, et l'heure du repos ne doit pas sonner, tant qu'il se présente devant elle des entreprises brillantes.

Que peuvent les princes coalisés ? tout pour le mal, comme tout pour le bien : d'une part, quatre cent mille guerriers à leurs ordres et Paris, Lyon, Bordeaux en leur pouvoir ; de l'autre, un peuple réduit à l'apathie, un gouvernement tombé en ruines, un militaire disloqué, débandé, harrassé. Et que veulent-ils ? Loin de nous un soupçon ingrat autant qu'insensé ! En vain l'expérience et la réflexion s'épouvantaient d'un commun accord : les malheurs ont porté une forte leçon ; les succès ont dicté un noble thême et les royales ames se sont montrées dignes de soutenir celle-là, ainsi que d'accueillir celui-ci. Ce qu'on n'a jamais vu, ce qu'on ne verra jamais, nous le vîmes et nous le crûmes.

Mais autour des boulevards dont se ceint

la conscience des monarques, combien d'issues souterraines sont minées de longue main, combien de ténébreuses pratiques sont ourdies avec un art héréditaire ! Tantôt c'est l'astuce qui se traîne en rampant le long du chemin couvert, et tantôt l'audace qui franchit d'un saut désespéré les fossés du rempart. Il faut que le corps de la place se tienne bien constamment sur ses gardes, pour n'être pas enlevé à l'escalade ou surpris par la ruse.

Et de quels subtils prétextes, de quels motifs spécieux, le cabinet ministériel n'est-il pas toujours muni pour calmer les scrupules, pour enflammer les passions, pour agiter et troubler les lumières du bon sens. « Sire, l'honneur de la couronne qui est » déposée sur votre tête, le bonheur des » peuples qui est remis dans vos mains, le » cri terrible du passé et le timide soupir de » l'avenir, l'attente inquiète de l'Europe et » l'arrêt suspendu de la postérité, tout commande à Votre Majesté de ne pas récuser » les faveurs fugitives de la fortune, et de ne » pas s'abandonner à la fréquente rigueur de » ses chances. «

Qu'en arriva-t-il, en effet ? Nul ne peut le

connaître ; mais nul ne peut nier aussi qu'une cause imprévue, étrange, inouie, fut seule capable de prévenir ou d'arrêter le cours habituel des choses. Et qu'importe si son ascendant s'exerça à consumer le produit de ces artificieuses moissons aux cœurs séduits qui les auraient fécondés, ou plutôt à en dessécher les semences entre les doigts habiles qui guettaient l'occasion propice de les répandre.

Sans doute des conséquences si hautes étaient réservées dans la première pensée des destins, à cette grace enchanteresse, à cette imposante sérénité qui font tomber devant les fils de Henri IV et les barrières de la résistance et les armes de l'agression. Mais par un caprice de la fatalité, la distance vint s'interposer sous leurs pas et à des époques aussi pleines de faits, le temps enlevé à sa routine, au lieu de marcher jour par jour, marque et frappe à chaque seconde.

Où réside donc, où se rencontre donc une telle force qui fut toujours présente, qui fut toute puissante ? par-tout et nulle part. Par-tout des bras vaillans et nulle part des corps réglés ; par-tout le moral du soldat et nulle part le matériel de l'armée ; par-tout le poids de la mémoire et nulle part le poids de la réalité. Eparpillés au hasard, les drapeaux de France n'ont plus de points de contact qu'à l'aide du mot d'ordre de l'honneur, dont le secret se présage à peine sous les brumes d'Albion.

Il semblait de ces jours de la canicule, où tous les élémens inflammables disséminés au sein des airs vaporeux n'attendent que la plus légère cause d'attraction pour se rallier, se concentrer et se résoudre en une détonation terrible. Vainement les paratonnerres diplomatiques entassés sur les points menaçans, se fussent efforcés de conjurer l'orage en soutirant sans cesse la matière électrique: leur influence, telle qu'elle eût été combinée, n'aurait jamais abouti qu'à l'accumuler et à la condenser sur cette foudroyante batterie, dont l'explosion devait tôt ou tard fracasser l'édifice dans ses fondemens même et rejeter ses informes débris jusqu'aux bornes du temps épouvanté.

Heureusement l'expérience dont l'œil rétrograde compense le pas trop tardif et dont les mécomptes portent plus de lumières que les essais flatteurs, fit entendre ses accens et pour le repos de la France, pour le salut de l'Europe, l'esprit encore étonné des ministres se montra sourd aux banales instigations de l'envie et de l'ambition.

Que mille graces et mille honneurs en soient rendus-aux nobles milices ! La sublime œuvre appelle le prix suprême et le prix répond à l'œuvre. Nobles milices, la France est intacte. Trop forte pour chercher des appuis , trop riche pour garder des dépouilles , trop sage pour tenter le sort , la patrie repose sur des bases éprouvées par les siècles : elle renaît , elle existe , elle vivra , la patrie. Que faut-il de plus à ses vrais enfans ? N'est-il pas assez beau , assez fier, d'être sorti ainsi des abymes de l'infernale nuit , et quand l'aurore se lève sous de telles auspices , ne reste-t-il pas à l'ardeur belliqueuse un assez vaste horizon d'espérances ?

Il y a une patrie ! Il y a donc un Roi, il y a un Bourbon : depuis tantôt mille ans ces deux mots ne font qu'un dans la langue française. Et que dire d'une sèche , d'une morte patrie , qui ne serait plus animée de l'esprit de vie , qui ne serait plus investie d'une forme accessible au sentiment? Voudrait-on parler de ce squelette qui se devorait lui-même , du squelette installé sous son nom par les artifices de Mirabeau, de Robespierre, de Barras, de Buonaparte ! Tout, jusqu'au souvenir en est perdu : aux feux si purs de la légitimité, les époques, les erremens, on dirait presque les douleurs, se consument en une cendre vaine, et la patrie, pareille au phœnix, s'en exhale et plus douce et plus puissante et plus durable.

Ouvrez vos rangs, royale armée des lys : voilà qu'il descend de la côte hospitalière, dont ce seul bienfait balance toutes les injures ; voilà qu'il arrive le dépositaire de l'antique gloire, que relève encore votre gloire nouvelle : le voilà celui que votre idée inapprise conçoit à peine et que vos transports instinctifs accueillent d'emblée, celui que la sagesse éternelle vous réservait alors qu'elle vous créait pour lui, celui devant qui l'esprit et le cœur, la parole et la plume n'entendent et n'expriment que *Vive le Roi.*

Ouvrez vos rangs, royale armée : ils ont quitté les célestes parvis pour se mêler au cortège du représentant de cent monarques, les héros de la chevalerie, les vainqueurs de Tolbiac et de Bovine : leur fraternelle main vient présenter l'oriflamme sans tache et sans reproche aux dignes guerriers qui frappèrent du type éprouvé de l'honneur, des étendards ravis à l'insouciante fortune. Salut à l'égide tutélaire de France, à l'égide vraiment nationale dont le renom est immuable ! Salut au gage solennel d'alliance entre les destinées du vieux temps et des temps récens, entre les renommées de tradition et d'envahissement.

Qui dira les immortels lauriers que vont conquérir de telles forces réunies, non par les rudes sentiers de la violence, mais par les larges voies de la vénération ! Lauriers généreux, gracieux lauriers, la sueur et les larmes n'arrosent plus vos racines et votre tige n'est plus souillée par des torrens de sang : vous croissez à l'ombre de l'équité, vous fleurissez aux rayons de la paix ; vous nourrissez de vos graines abondantes l'agriculture, l'industrie, le commerce et les mœurs et les lois et les arts.

Vainement la fatalité des combats exerce un empire illimité sur les transactions de la politique. Le domaine de la gloire en est indépendant et reste solidaire entre les braves qui se dévouent à cultiver ses vastes champs : émules ou rivaux, alliés ou adversaires, vainqueurs ou vaincus, ils se voyent tous

appelés au partage des opulentes moissons,
qu'ils ont tous contribué à y semer. Le lot
qui se trouve légué aux heureux de la terre
par l'aveugle loi du dieu Mars perdrait
trop de son prix, si un lot analogue n'était
déféré à ceux-là dont la retraite et la défaite
même n'accusent que son inconstance ou sa
perfidie.

Un seul faisceau de rayons qui, semblable
au soleil, s'alimente au lieu de s'épuiser par
ses constantes émanations, verse des feux sans
nombre et sans terme sur la masse commune
de ses adorateurs et rejaillit d'un siècle sur
l'autre, d'un peuple sur l'autre, de tous les
fronts sur tous les fronts : les ombres se fon-
dent et s'effacent dans cet harmonieux tableau ; et si l'auréole première semble saisir
et détacher certaines têtes prééminentes,
soudain l'éclat si vif de ses reflets, en se
projetant sur la toile entière, fait rentrer
presque sous la même teinte, le contraste qui
menaçait de trancher fortement.

C'était ainsi que les brillantes armes de
nos conquérantes légions, se répétaient avec
peu de déchet sur les boucliers défensifs des
troupes étrangères, et c'est ainsi que l'in-
vasion des coalisés en France ouvrit une

nouvelle lice de triomphe à ses valeureux enfans. La main encore timide et peu aventu-
reuse des assaillans, toute occupée au soin de
ravir hâtivement les fruits à peine mûrs de la
victoire, soit mécompte, soit loyauté, en
laissait tomber les palmes flatteuses au compte
de leurs adversaires : si le poids du succès, .
incommensurable au dire de la vague opi-
nion, devait en apparence précipiter un
des bassins de la balance, le doigt isolé de
l'honneur en touchant seulement le bassin opposé, venait aussitôt, au gré de l'impartiale
raison, les rétablir dans un parfait équilibre.

Mais, si telle fut la plus dure loi que put
imposer le destin aux phalanges françaises
dans les jours de sa colère contre l'usurpa-
teur, quels seront les décrets qui se ménagent
au retour de sa bienveillance, pour les saintes milices ralliées à l'appel de la légitimité.

Et déja il s'accomplit cet ineffable mys-
tère : déja elle commence à poindre et à dominer sur l'Europe, cette aurore qui porte la
sécurité au cœur hautain de nos guerriers et
frappe d'un trouble secret l'œil téméraire de
leurs riyaux, cette aurore qui, suivant que
les nuages incertains de la politique doivent
être disséminés par les vents de la sagesse et

de la justice, ou doivent s'amonceler sous les calmes perfides de l'envie et de l'ambition, vient présager à la patrie émerveillée, soit la sérénité invincible d'un soleil égal et doux, que salue le riant cortège du bonheur et des plaisirs, soit l'ascendant victorieux d'un astre ardent, dévorant, consumant qu'applaudit la glorieuse troupe des hauts faits et des nobles trophées.

Qu'on pénètre aux secrets mal voilés du congrès de Vienne! une seule pensée s'est emparée de toutes les ames : *France, prépondérance*, tel est le cri du for intérieur. Et pourtant point d'apprêts, point de mouvemens, point d'apparences même de notre part. Qu'il y eût des souvenirs de honte, on pouvait craindre que l'esprit amorti des vengeances, ne ressuscita bientôt pour en effacer la tache : qu'il y eût des causes présentes ou futures de risques, on pouvait craindre que la susceptible timidité, ne se jeta comme il arrive souvent, au travers des tempêtes, de peur d'être assaillie à l'improviste. Mais un renom pur comme le premier beau jour de printemps, une puissance intacte comme la conscience de l'homme de bien, ne menacent jamais ni de près ni de loin, car le cours passif des années ne saurait ni les irriter ni les compromettre. La paix a élu son asyle au sein de notre Roi, et rencontre des remparts assurés aux bras de son armée.

D'où partent donc ces mots solennels ? C'est l'inquiétude trop long-temps assoupie, qui saisie à son réveil par les clameurs étourdissantes de l'adversité, s'investit d'une voix empruntée pour les réfléchir d'échos en échos. L'avenir est chassé hors du cercle banal sans doute ; il est expulsé ce semble de la révolution accoutumée des temps : n'importe ! il reste doué cependant de la capacité d'existence, cet embryon échappé à l'avortement, cet embryon invisible aux mortels regards, et sitôt que la marche fortuite des choses lui prêtera la plus légère issue, on le verra, sans passer aux degrés ordinaires de la vie, s'élever soudain, immense, énorme, indomptable.

Ce ne sera pas dans un an, dans dix ans, qu'il sera possible d'agglomérer, de concentrer des forces factices pour balancer cette force innée : le dessein est trop tardif peut-être, l'œuvre est impraticable peut-être. Qu'on essaye toutefois, qu'on se hâte surtout, et si la fatale nuit des douleurs doit un jour envelopper l'Europe, du moins l'aiguillon du repentir ne viendra pas troubler de sa piqûre irritante la morne léthargie du désespoir.

Telle est la pensée capitale, la suprême pensée : et bien qu'elle ne s'enflamme plus au foyer ardent des passions, on la voit incessament agitée par le soufle amer des souvenirs. Tout lui est sacrifié, comme si l'oracle éternel avait parlé : rien ne résiste, et des conceptions mûries par le génie et des prescriptions dictées par le sentiment. L'usurpation et la légitimité, ces deux puissances représentantes de l'enfer et des cieux, qui n'eurent jamais de contact qu'à la pointe de l'épée ou de la flamme, se trouvent forcément alliées et étrangement confondues, sous les titres alternatifs de la consécration et de la proscription. Hier, l'Europe s'est armée pour rendre l'onction de la force à l'ancien de l'imprescriptible souveraineté : elle reste armée aujourd'hui afin de briser sous le régicide marteau, le sceptre vénéré de ses dignes juveigneurs.

L'intérêt et le vœu, les liens et les rapports des peuplades fidèles, ne paraissent plus mériter de considération ; et si la haute diplo-

matie pouvait être soupçonnée de consé-
quencedans ses plans, on dirait que l'humanité n'est à ses yeux qu'un objet de mépris
et de dérision, lorsque du même doigt qui
prétend imposer à tous les états certaines
manières de liberté, dont ils savaient mieux
se passer qu'ils ne sauront en user, elle vient
foudroyer les relations les plus sacrées, les
plus antiques habitudes, et jeter à la merci
des vents leurs cendres fumantes encore et
toujours gémissantes.

Il ne s'agit plus de diviser pour dominer,
mais de réunir pour résister. Sur cette règle
de fer, dont la mesure semble calquée au lit
cruel de Phalaris, vous voyez trancher et
tailler, raccourcir telle forme jusqu'à la rendre imperceptible, et ralonger telle autre jusqu'à la rendre incommensurable. Sont-ce des
chairs, des os, qui passent ainsi sous l'outil
contendant de la torture ? Est-ce la moëlle
interne du cerveau ou la fibre sensible du
cœur ? Rien n'arrête : la plume est plus sourde
et moins tendre que le glaive.

Et comme si le charme de l'entreprise devait entraîner au-dela du premier dessein,
comme si l'iniquité pouvait se forger un droit
apparent en illimitant son domaine ou se

dissimuler à l'imagination en pénétrant aux plus minces ramifications, il faut que le travail jusqu'alors imposant, du moins par ses fins, après avoir fixé les masses gigantesques de quelques empires, s'abaisse jusqu'à régler le sort des minutieuses parcelles de suzeraineté.

Ce n'est rien que la Russie ait dévoré la belliqueuse Pologne, et que la Prusse aille étouffer dans ses bras l'industrieuse Saxe. L'hydre insatiable de la nouveauté requiert sans cesse des alimens : la Belgique ne calme qu'un instant sa voracité; la Norvege, Venise et Gênes tombent sous sa terrible dent; en vain les légations espèrent de lui échapper : il ne lui restera bientôt qu'à se rejeter sur le fretin nombreux de l'Océan germanique. Et Naples, Naples qui offrait seul un mets pur et sain, est à la veille de lui être enlevé par un monstre plus audacieux encore.

Ainsi les proportions colossales de cet empire, aussi fort de sa politique que de ses armes et de cet autre empire, indomptable par sa nature autant qu'invincible par son courage, ainsi l'alliance indissoluble de l'or et du fer, cimentée par l'intimité de la Prusse et de l'Angleterre, ne présentent pas des boulevards assez éprouvés contre l'audace presque nue des légions françaises. Au nord et au sud , la Hollande et le Piémont ; au centre , le Hanovre , la Bavière , le Vurtemberg , jadis jetés en façon d'enfans perdus aux avant-postes de l'Europe , doivent être promus et organisés sous la qualité plus relevée de troupes légères, afin d'éclairer la marche et de menacer les flancs de l'ennemi imaginaire.

Vains plans , folles idées ! Ces corps de second ordre, privés d'une masse intrinsèque de gravité et ballotés de tout temps entre des attractions contraires , sont astreints par les immuables lois à parcourir, au titre de simples satellites, les orbites subordonnées que leur trace l'ascendant des astres du premier rang ; et tout ce supplément de poids factice qu'on s'efforce de leur prêter , incapable de les maintenir hors du système qui les englobe naturellement, ne saurait jamais aboutir qu'à exagérer sa prépondérance tant inquiétante.

Vains plans, folles idées ! La tourmente de l'ouest a consommé dans le cours de sa furie, non pas son *quantum* de puissance, mais son *momentum* d'impulsion : la force innée de la France est devenue latente , et sa concentration en garantit l'innocuité future de même que la permanente intensité. Les phases sociales et les phases célestes contrastent également : on verra la révolution s'effacer de la mémoire des hommes , avant d'être rappelée par la rotation des siècles. Se ruiner pour dévaster , se dépeupler pour immoler, se battre pour conquérir et conquérir pour se battre ne porte d'appâts qu'au crime et à la démence.

Est-ce donc à notre souverain que viendrait la pensée d'échanger des remparts consacrés par tant de hauts faits, et de mélanger un pur métal avec des métaux hétérogènes ? Est-ce dans son peuple que naîtrait le desir de tenter d'autres climats, une autre terre, une autre sorte de talens , de graces, de qualités ? Le sol fécond et le propice soleil lui prodiguent tous leurs bienfaits ; l'épée et la charrue, le génie et l'adresse l'investissent de toutes leurs prérogatives. Ah ! rien que ce poison délétère qui s'insinue aux cœurs sous les ombres de l'usurpation , et qui les tourmente d'autant à mesure qu'il en altère la substance, était capable de précipiter la France dans un accès de délire à travers le sein déchiré des nations, comme si elle eût voulu y re-chercher le bénigne principe de la vie civile, ou se venger des faveurs trop partiales de la fortune marâtre.

Le ciel est serein : les vents sont enchaînés sur cette côte, et la tempête se retire aux antres profonds du nord. N'entendez-vous pas dans le lointain ses élémens s'appeler à voix couverte et réclamer un point de ralliement ? N'entrevoyez-vous pas vers les bords de l'ourse, un noyau presqu'imperceptible à raison de sa distance autour duquel toutes les vapeurs divisées par le coup de tonnerre et suspendues aux vagues des airs, se balancent et se condensent peu-à-peu sans déceler encore les formes qui les attendent ? A peine quelques instans, et l'orage allait se résoudre, si le soufle magnanime du rédempteur des trônes n'en retardait la formation.

Il passera cependant le glorieux Alexandre, comme passent les fils du ciel sur ce triste globe aussi jaloux de les retenir que tardif à les accueillir. Des temps nouveaux se leveront pour lors, et les nuées amoncelées de jour en jour, bientôt emportées par leur propre poids, lâcheront enfin la foudre impatiente de tant d'obstacles. Qu'est devenu maintenant la force humaine ? Elle s'est engloutie au gouffre que creuse avec effort la rétrograde prudence. Que devient l'Europe entière ? Hélas ! plus d'Europe, plus d'états, plus de peuples. Ce n'est pas un de ces ouragans issus des régions du zéphyr, qui répand jusque dans ses fureurs quelques flatteuses émanations, et qui laisse présager du moins le retour du printemps ; une brume épaisse et grossière, une brume éternelle d'automne, enveloppe de son atmosphère léthargique tout ce que promettent et la terre et les bras, tout ce qui anime la pensée, tout ce qui repose le sentiment, la civilisation même.

Tels sont, ô royale armée des lis, tes triomphes récens et tes suprêmes trophées ; car il n'appartenait qu'à l'indicible magie de ta renommée de fourvoyer ainsi les plus hauts génies. En vain ta fierté rassasiée évitait d'y prétendre ; en vain ta loyauté indigène s'empresse de les récuser. Il fallait que les lauriers diplomatiques vinssent allier une tresse inattendue à la riante ceinture du myrthe et de l'olivier, et la fortune arroutinée devait persister dans ses antiques erremens, au risque de trahir pour cette fois tes chastes espérances.

L'imagination prévenue à l'avance et attérée de longue main , n'est pas libre aussitôt de s'abandonner à la foi de tes paroles et aux garanties de ta contenance. Sédentaire , tu marches encore au pas de charge ; calme et reposée, tu romps encore les rangs, tu frappes encore à coups redoublés ; simple et inoffensive , tu projettes encore l'épouvante jusqu'aux bornes du temps et du monde.

Qu'on appelle à cette heure et la haine et l'envie , si tant est qu'un Bourbon ne les ait pas désarmées ; qu'on somme sur-tout et l'inquiétude et la pusillanimité , car elles seules seraient tentées de mendier un refuge décevant sous les voiles de la calomnie. Qu'elles parlent toutes et qu'elles disent si c'est là une armée défaite , battue , écrasée , vaincue, pour se servir d'un mot nouveau. Elle serait vaincue ! et que faites-vous des vainqueurs? Comment la sécurité se montre-t-elle mieux établie par les revers que par les succès? Comment la sérénité se complaît-elle à résider sur des fronts souillés de honte plutôt que sur ces fronts chargés d'honneurs ?

- Opprobre à qui l'eût dit car la conscience se révoltait contre sa voix ! terreur à qui l'eût pensé car la fatale idée à l'instant rebrous sée en sens inverse, allait déverser le trouble au sein de sa tête extravagante ! Mais nul ne l'a dit et nul ne l'a pensé : semblable à la femme de César, l'amante favorite de Mars ne peut être atteinte par les traits du timide soupçon alors même qu'on la voit menacée des ombres errantes de la vaine apparence.

Exhalte-toi, royale armée, et monte au trône de paix qui s'élève sur les confins de ta carrière militaire. Jamais la couronne de gloire ne se vit décorée par les dons de la rivalité, d'un diamant aussi précieux et devant ses feux étincelans, les nombreux fleurons achetés par la victoire ne portent qu'un éclat vacillant.

Faut-il oser le dire ? Faut-il oser s'introduire au secret ténébreux des combats ? Quelle différence de masses, quel contraste de position se manifestent dès la pointe du jour ? Que d'élémens fortuits dans les accidens du terrain, dans l'influence des vents et des pluies ? Tout s'ébranle : où est le doigt qui décidera de l'harmonie ou de la discordance des mouvemens et qui prononcera sur leur corrélation avec les manœuvres opposées ? On est en présence : cette batterie doit-elle pointer juste, ou doit-elle être enlevée ? Cette charge va-t-elle entamer le formidable carré, ou se rejeter sur l'infanterie ? ce feu de file sera-t-il bien nourri ? ces baïonnettes se croiseront-elles avec succès ? qu'arrivera-t-il de ces embuscades respectives, de ces attaques contre-balancées, de ces tentatives mutuelles pour tourner les ailes ou pour enfoncer le centre ?

Quel océan de hasards ? La moindre erreur de la tête ou du cœur entraîne d'immenses conséquences : tantôt les fautes les plus grossières sont justifiées, tantôt les plus hautes conceptions sont trahies par l'ineptie ou le génie de l'ennemi ; et l'ignorance, la lâcheté même, en se refusant à ses présomptions légitimes, déterminent par fois des effets aussi fortunés qu'inattendus.

Il n'est donc que trop vrai, le sol incertain des combats doit être foulé sous les pas répétés de la victoire et rassis par l'impartiale main de la paix, avant que le temple de la Renommée se risque à y jeter ses fondemens. C'est sous l'ombre propice du doux olivier, que le fier laurier, déja en pleins boutons, épanouira ses fleurs éternelles et le calme des braves fixera seul sur leur front ambitieux la palme conquise par l'audace et par la constance.

Les temps en sont venus et ils n'ont pas
failli à leur devoir. L'Europe tourmentée
d'une inimitié encore plus pénible que juste,
au lieu de se livrer aux chances collatérales
de l'envie et de la vengeance, préfère se dé-
lasser sous les asyles de la vénération. Il semble voir un puissant athlète, qui souvent
ébranlé et jamais abattu, se raffermit à l'aide
de son noble adversaire, et la tête haute,
monte à ses côtés au char de triomphe, en
proclamant lui-même le résultat d'une lutte
long-temps indécise. Et quelle lutte mémo-
rable en effet ! Quelle large, quelle immense
effusion de gloire s'est répandue d'un foyer
inépuisable sans doute et s'est répartie dans
des proportions peu distantes sur l'une et
l'autre troupe des guerriers.

Si les effets réels ont été rayés du domaine
de la politique, les souvenirs n'en restent
pas moins consacrés aux galeries de l'histoire
et les peintures récentes où ils sont tracés
s'unissent sans honte sur la même toile. Le
bonheur, par ses tons peu-à-peu radoucis et
fondus avec art, s'il éblouit moins en apparence, reçoit du prestige de l'harmonie un
coloris plus doux et plus suave ; tandis que
l'infortune enhardie saisit sur la palette soli-

daire, des teintes de plus en plus relevées, qui se raccordent enfin et se marient sans trop de contraste avec l'effet général du tableau.

Hélas ! pourquoi faut-il qu'une seule tache jetée par erreur, dépare cette image touchante et menace d'en effacer à l'aide du temps jusqu'au dernier trait ? La haine s'est retirée en hâte sur l'île d'Elbe et l'orgueil s'envole à tire-d'aile des champs voisins de la guerre. Mais d'où vient que la défiance, ce triste et débile avorton de leur longue union, qui d'abord nourri au sein vénéneux de l'usurpation, paraissait étouffé sous sa chûte soudaine, tente de se ranimer à cette heure dans les bras de la diplomatie, pour se présenter à la lumière renaissante de la légitimité dont il est incessamment repoussé ? Malencontreuse défiance, comment peux-tu te hasarder ainsi et comment ne crains-tu pas d'attiser par un souffle inconsidéré, le feu sacré que la sagesse est chargée d'entretenir en silence et que la grandeur d'ame s'efforce à sauver de tes atteintes ?

Quel est le plan des cabinets ministériels ? Est-ce au papier qu'on prétend asseoir les garanties de l'Europe ? Faites donc passer

sous le pilon la masse qui s'en est fabriquée
depuis la révolution et allez rechercher sur
une autre terre des matières plus solides que
les chiffons dont il s'engendre. Ne veut-on
se reposer qu'aux garanties du fer ? Le cal-
cul est plus certain, pour peu qu'on ne pro-
compte pas les vingt dernières années : mais
ce métal lui-même n'est-il pas soumis aux
aimans de la terreur et de la séduction ? Les
barrières seront insurmontables peut-être ;
il ne reste qu'à savoir de quelle part se tour-
neront leurs mobiles défenses.

Et qu'est-ce qu'un parjure papier ? qu'est-
ce qu'un fer inconstant auprès de l'or vierge
de nos Louis ? Le rayon du soleil qui se ré-
fracte à travers le cristal de roche n'est pas
plus pur, plus intact, plus homogène : leur
titre est éprouvé à l'essai des siècles et jamais un grain d'aloi n'y fut reconnu dans
la sévère coupole de l'expérience.

Sans doute en un plomb vil l'or pur s'était changé ;

mais le foudre vengeur a dévoré le minerai
grossier et les empreintes du noble métal se
montrent et plus vives et plus fortes depuis
qu'elles sont frappées au coin miraculeux des
indomptables destinées.

Qui peut se défier de notre Roi? Qui peut se défier d'un Bourbon ! Un tel ordre, un tel désordre d'idées dépasse les limites d'une imagination française et s'élance hors du cercle des conceptions régulières : la folle vanité serait seule capable d'essayer d'y répondre. Les mots, ces instrumens obligés de l'esprit, ne sont pas doués de percer jusqu'au refuge des fantastiques rêves, et les élans, les accens entrecoupés de l'ame ne sauraient pénétrer les sentiers obstrués du scepticisme.

Notre Dieu, notre Roi, (car l'impuissance humaine est forcée de les confondre sous ce rapport), ou plutôt la pensée et le sentiment qui s'attachent à ces noms vénérés, dérivent d'une sphère supérieure aux relations sociales et ne ressortent pas des tribunaux de la parole et de la plume : en prenant leur défense, c'est reconnaître l'attaque et autoriser la réplique, c'est évoquer la cause devant une cour incompétente. Aux matières qui ne tombent pas sous le mortel litige, quel est le doigt entaché d'une encre vulgaire et rompu sur les bancs de l'école, qui serait assez mal induit pour entamer la plaidoierie? De factum en factum, le sacrilège procès se

trouverait ainsi engagé et les décrets éter-
nels , ces décrets qu'adorent également la
conscience et la raison , se verraient abandonnés aux chances subtiles et malignes de
l'interminable controverse.

Un mémoire pour Dieu , comme il en pa-
rût naguère , un mémoire pour le Roi , s'il
en pouvait paraître , sont des crimes de lèze-
Divinité et de lèze-Majesté au premier chef ,
car les délits de la vanité tendent davantage
que les forfaits de la révolte , à ébranler le
respect et le dévoûment. Mais sur les confins
de la ligne imposée à l'homme , les expres-
sions les plus circonspectes doivent être mé-
nagées avec scrupule : un seul mot peut encore se risquer au papier. Devers l'autel aussi
que devers le trône , jamais le véritable
croyant et le sujet fidèle ne tenteront de se
frayer des voies , de se créer des points de
contact , qu'à travers les timides émanations
d'un encens loyal et virginal.

FIN.